Appelés
à la
Communion

Appelés
à la
Communion

H. Wijnholds

Chapter Two
Londres

© Chapter Two, Londres 1997
ISBN 1 85307 132 3

Distributeurs:

- Chapter Two, 13 Plum Lane, Londres SE18 3AF, Angleterre.
- Publications Evangéliques, B.P. 04-700, Cotonou, Benin
- Diffusion de Littérature Biblique, B.P. 98, Ebolowa, Cameroun.
- Edition Le Messager Chrétien, 185 av. Gatineau, Gatineau, J8T 4J7 Canada.
- Bibles et Publications Chrétiennes, 30 rue Châteauvert, 26000 Valence, France
- Dépôt de Bibles et Traités Chrétiens, 4 rue du Nord, 1800 Vevey, Suisse.
- Bibliothèque Chrétienne, B.P.47, Lomé, Togo.
- Centre Biblique, B.P.13101, Kinshasa 1, République Démocratique du Congo

Imprimé en Grande Bretagne par Whitstable Litho

TABLE DES MATIERES

Avant - propos

Le sujet de cette brochure est toujours d'actualité. Elle cherche à répondre à la question souvent posée: avec qui pouvons-nous participer à la table du Seigneur "à un seul et même pain" (1 Cor. 10. 17-18)?

C'est le Seigneur qui nous reçoit à Sa table. N'est-ce pas alors le devoir des croyants d'apprendre à connaître Sa volonté à cet égard en demeurant dans Sa dépendance?

Les quatre premiers chapitres envisagent la communion chrétienne dans l'assemblée, c'est-à-dire le fait que tous les croyants, sanctifiés dans le Christ Jésus (1 Cor. 1. 2), ont part ensemble aux mêmes bénédictions au sein de la maison de Dieu et comme membres du corps de Christ.

Le cinquième chapitre considère la réalisation pratique de cette communion qui, hélas, est restreinte en fonction des limites qu'impose aux chrétiens la séparation d'avec le mal. Ainsi, si d'un côté il y a un lien vital et indissoluble qui unit tous les membres du corps de Christ, d'un autre côté la communion n'est plus pleinement réalisée, ni réalisable avec tous, à la table du Seigneur comme aux tout premiers jours de l'Eglise.

Elburg / Pays Bas, avril 1993

Introduction

Durant son deuxième voyage missionaire, l'apôtre Paul est resté au moins un an et demi à Corinthe. Lorsqu'il quitta cette grande ville de la province d'Achaïe, avec Priscilla et Aquilas, il y laissa un groupe important de croyants auxquels il écrit ensuite en les nommant "sanctifiés dans le Christ Jésus, saints appelés". Ces croyants constituent ensemble "l'assemblée de Dieu qui est à Corinthe" (1 Cor. 1. 2).

Le nom de plusieurs de ces croyants de Corinthe nous est donné à connaître dans le livre des Actes et dans la première épître aux Corinthiens:

Juste (Actes 18. 7). Cet homme, qui se nommait peut-être Gaïus Titus Justus, était d'origine *païenne*, mais il servait Dieu déjà avant l'arrivée de Paul à Corinthe. (Dans les Actes, nous rencontrons plusieurs personnes qui craignaient Dieu et qui étaient connues pour leur fréquentation des synagogues et leur respect pour le sabbat).

Crispus (Actes 18. 8). C'était un *Juif*, chef de la synagogue à Corinthe.

Gaius (1 Cor. 1. 14). Ce Corinthien, peut-être le même que Juste, portait un nom *romain*. Il avait été baptisé par l'apôtre Paul, comme Crispus et Stéphanas.

Plus tard, l'apôtre écrivant aux Romains depuis Corinthe, leur dit que l'assemblée se réunissait dans la maison de Gaïus et que lui-même y logeait (Rom. 16. 23).

Chloë (1 Cor. 1. 11). Le nom de cette soeur de Corinthe est mentionné parce que ceux de sa maison avaient tenu l'apôtre Paul au courant de dissensions entre les frères de Corinthe.

Stephanas (1 Cor. 16. 15). Ce frère, ainsi que sa famille, comptait parmi les premiers convertis en Achaïe. Son dévouement pour les saints est souligné par l'apôtre.

Fortunat (un nom *romain*) et *Archaïqu*e (un nom *grec*) avaient, avec Stéphanas, apporté une lettre à Paul qui se trouvait à Ephèse. Cette lettre contenait les questions que l'assemblée à Corinthe posait à Paul (1 Cor. 16. 17).

Ces quelques noms sont parmi les plusieurs qui, "l'ayant entendu, crurent et furent baptisés" (Actes 18. 8). Cette énumération montre que les croyants de l'assemblée à Corinthe étaient de nations et de cultures totalement différentes. Sur le plan moral, certains d'entre-eux avaient eu, avant leur conversion, une vie assez correcte, tandis que d'autres s'étaient adonnés à de grossières formes de mal (cf. 1 Cor. 6. 9 à 11).

Qu'est-ce qui conduisait les Juifs à aller écouter Paul dans la maison de Juste, *à côté* de la synagogue (Act. 18. 7)? Qu'est-ce qui poussait Romains et Grecs à se réunir avec des Juifs dans *la maison de Gaïus*, au lieu d'aller dans un des *temples* de Corinthe (Rom. 16. 23)? Une personne les unissait tous: le Seigneur Jésus.

Au début de la première épître qu'il leur adresse, Paul met l'accent sur la communion formée entre eux par le Seigneur Lui-même et portant Son propre caractère: "Dieu, par qui vous avez été appelés à la *communion de son Fils* Jésus Christ, notre Seigneur, est fidèle" (1 Cor. 1. 9).

Le Seigneur Jésus, durant Sa vie sur la terre, a déjà dit qu'Il bâtirait Son assemblée sur Lui-même, "le Christ, le Fils du Dieu vivant" (Matt. 16. 16 à 18). Les frères et soeurs à Corinthe faisaient aussi partie de cette assemblée. Chacun d'eux était lié au Seigneur, et par conséquent à tous les autres croyants sur la terre. Ils avaient donc communion[1] avec le Seigneur et avec tous ceux qui Lui appartenaient. Ils n'étaient pas appelés à

---

[1] *Nous n'abordons pas dans cette brochure le sujet de la communion des enfants de Dieu dans la famille de Dieu, entre eux et avec le Père et le Fils, sujet de la première épître de Jean (ch.1, v.3). En effet, cette communion est individuelle et sa réalisation est laissée à l'appréciation personnelle, alors que la communion à la table du Seigneur est collective et que sa réalisation engage la responsabilité de toute l'assemblée locale.*

former des partis, à se diviser, mais à la communion avec les autres croyants. Cette communion est nommée ici: "La communion de son Fils Jésus Christ" ce qui signifie que Christ Lui-même est en effet l'objet central de cette communion.

De plus, Paul ajoute: *"notre Seigneur"*, c'est-à-dire que chaque croyant a une relation *personnelle* avec le *Seigneur*, caractérisée par la consécration, l'obéissance et le désir de Lui ressembler.

Nous pouvons donc dire que dans ce passage de 1 Cor. 1. 9, l'accent est mis, d'une part sur la façon de réaliser *collectivement* cette communion et d'autre part, sur la responsabilité *personnelle* à l'égard du Seigneur.

Les Corinthiens ne pouvaient pas connaître la communion mutuelle à laquelle ils avaient été appellés, s'il y avait un obstacle dans leur communion personnelle avec le Seigneur. Cela est vrai pour tous les croyants de tous les temps, pour toutes les assemblées en tout lieu (1 Cor. 1. 2).

1. Lien Vital et Communion de Base

Le développement des assemblées:

Dans la première épître aux Corinthiens déjà citée, Paul parle *des assemblées* de Galatie et *des assemblées* d'Asie (ch. 16 v. 1 et 19). Paul a écrit cette lettre depuis Ephèse en Asie, en l'an 56 environ. Souvenons-nous de ce qui s'est passé au cours des années précédentes. Citons d'abord les deux événements capitaux rappelés au début du livre des Actes: l'ascension de Christ et la descente du Saint Esprit. Ces deux faits sont essentiels pour la foi chrétienne:

- Le Seigneur Jésus, après Sa crucifixion et Sa mort, est ressuscité d'entre les morts. Il est maintenant *dans le ciel*, glorifié à la droite de Dieu (Act. 2. 33 et 3. 13). Paul écrit aux Corinthiens: "Vous attendez la révélation de notre Seigneur Jésus Christ" (1 Cor. 1. 7).

- Le Saint Esprit est venu *sur la terre* où Il habite dans l'assemblée depuis la Pentecôte (Act. 1. 5 et 8; 2. 1 à 4). Cette assemblée est appelée "le temple de Dieu", là où l'Esprit de Dieu habite (1 Cor. 3. 16).

Avant Son ascension, le Seigneur Jésus avait déjà dit aux Siens qu'ils seraient Ses "témoins à Jérusalem et dans toute la Judée et la Samarie, et jusqu'au bout de la terre" (Act. 1. 8). En Actes 2, la formation de l'assemblée par la descente du Saint Esprit nous est décrite: un premier groupe d'environ cent vingt personnes et parmi elles les douze disciples (Act. 1. 15 et 2. 1). Le même jour eut lieu une immense extension: par la prédication de Pierre, environ trois mille personnes furent ajoutées (Act. 2. 41).

Notons la façon dont l'accroissement de l'assemblée (à Jérusalem) est décrit. Le verset 47 d'Actes 2 peut aussi être traduit: "Le Seigneur ajoutait (et mettait) *ensemble* tous les jours ceux qui devaient être sauvés". L'expression "ensemble" serait une allusion à la *communion* à laquelle les croyants ajoutés devenaient participants: en vertu de leur lien vital et personnel avec le Seigneur Jésus, ils étaient aussi liés entre eux.

En Actes 2. 42 nous lisons qu'ils persévéraient dans la communion, ce qui signifie que ces croyants jouissaient, avec une énergie spirituelle, de liens mutuels dans le Seigneur et avec Lui. Quelque temps plus tard, l'apôtre Paul était appelé par le Seigneur et retiré du milieu du *peuple* et des *nations* vers lesquelles Il l'envoyait (Act. 26. 17) pour leur annoncer l'évangile. Par le ministère des apôtres, et surtout par les voyages missionnaires de Paul, aussi bien des Juifs (le peuple) que des Grecs (les nations) ont été amenés à la foi au Seigneur Jésus. Environ vingt ans après sa conversion, Paul pouvait parler d'une nouvelle compagnie de personnes qui ne faisait partie ni des Juifs, ni des Grecs: c'était "l'assemblée de Dieu" (1 Cor. 10. 32). Ainsi, dans plusieurs localités de Judée, de Samarie et d'autres pays, des personnes s'étaient converties à Jésus Christ. Dans les Actes comme dans les épîtres, il est fait mention de l'assemblée dans une localité et d'assemblées dans une région. En Actes 21. 12 il est question par exemple, des croyants de la ville de Césarée ("ceux qui étaient du lieu") auprès de qui Paul est resté quelque temps.

Un même enseignement:

Paul pense à ces assemblées lorsqu'il utilise le pluriel sans donner d'indication géographique. C'est le cas, par exemple, quand il écrit: "C'est ainsi que j'en ordonne dans *toutes les assemblées*" (1 Cor. 7. 17 et lire également 4. 17; 11. 18; 14. 33-34). Il est important de remarquer qu'il indique justement dans cette épître, que ses enseignements sont les mêmes pour toutes les assemblées. Déjà l'en-tête de l'épître précise qu'elle est adressée à "tous ceux qui *en tout lieu* invoquent le nom de notre Seigneur Jésus Christ" (1 Cor. 1. 2).

Nous avons déjà souligné que l'assemblée à Jérusalem persévérait dans la doctrine et la communion des apôtres (Act. 2. 42), et c'est vrai aussi pour les assemblées fondées plus tard, lesquelles ont reçu exactement le même enseignement: "... selon que j'enseigne partout dans chaque assemblée" (1 Cor. 4. 17). Concrètement, la situation dans chaque assemblée pouvait être différente à plusieurs égards, toutefois chacune d'elles est concernée par l'appel répété dans les ch. 2 et 3 de l'Apocalypse: "Que celui qui a des oreilles écoute ce que l'Esprit dit aux *assemblées*". Toutes ces assemblées connaissaient la même communion que l'assemblée à Jérusalem, fondée sur la même Personne, sur la même doctrine des apôtres et, par conséquent, elles se trouvaient étroitement unies ensemble. Dans ses lettres à Timothée, Paul met l'accent sur la saine et bonne doctrine que son "enfant bien-aimé" avait suivie avec précision et qu'il devait présenter aux frères (1 Tim. 4. 6). De même que le Seigneur Jésus dit: *"ma doctrine"* (Jean 7. 16), Paul utilise le singulier en écrivant: *"la saine doctrine"* en opposition aux *doctrines* étrangères (1 Tim. 1. 10 et 3), ou encore aux *enseignements* des hommes (Col. 2. 22).

Des liens étroits:

Les Actes comme les épîtres font clairement ressortir les liens étroits unissant les assemblées:

- En Samarie, les croyants qui avaient déjà été baptisés reçurent l'Esprit Saint après que Pierre et Jean, envoyés de la part des apôtres, eurent prié et leur eurent imposé les mains (Act. 8). Par cet acte, il devint évident que les croyants de Jérusalem et de la Samarie étaient liés les uns aux autres. Précédemment, les Juifs ne voulaient pas avoir de relations avec les Samaritains (Jean 4. 9); mais en Actes 8, d'authentiques Juifs se trouvent amenés en communion avec les Samaritains par leur foi dans le même Seigneur.

- Les assemblées à Jérusalem et en Judée avaient de la peine à accepter le comportement de Pierre, le Juif, dans la maison de Corneille, le Romain (Act. 10). Pierre leur explique cependant que Corneille et d'autres avec lui avaient reçu le même don du Saint Esprit que les chrétiens d'entre les Juifs. Ils l'avaient même reçu avant d'être baptisés. Les frères qui étaient intervenus en désapprouvant le comportement de Pierre sont amenés par cette explication, à prendre conscience de la pensée de Dieu au sujet des liens existant entre les assemblées à Jérusalem et en Judée d'une part, et la toute nouvelle assemblée à Césarée d'autre part, "et ils glorifièrent Dieu" (Act. 11. 18)!

- Lorsque l'assemblée à Jérusalem entendit parler de la formation d'une assemblée à Antioche, Barnabas y

fut envoyé. Sa visite témoigne de l'unité de l'assemblée
à Jérusalem avec celle à Antioche, bien que formée en
grande partie de personnes issues du paganisme.

- La question de la circoncision des chrétiens d'entre
les nations conduit l'assemblée à Antioche à envoyer
Paul et Barnabas à Jérusalem pour résoudre ce
problème avec les apôtres et les anciens. Leur réflexion
sur ce sujet produit un heureux résultat: avec la
communion de toute l'assemblée à Jérusalem, une
lettre est envoyée aux assemblées d'Antioche, de Syrie
et de Cilicie. Cette action prouve à nouveau la force du
lien existant entre les assemblées locales de divers pays.

A la fin de ses épîtres, l'apôtre Paul fait clairement
ressortir la solidarité entre les assemblées locales. Il
rapporte à l'assemblée à Rome comment les
assemblées en Macédoine et en Achaïe ont fait des
collectes pour l'assemblée à Jérusalem (Rom. 15. 26).
Depuis Ephèse, il adresse les salutations des
assemblées d'Asie à l'assemblée à Corinthe (1 Cor. 16.
19). Les assemblées de Galatie (Gal. 1. 2) reçoivent de
sa part une lettre qu'il leur adresse collectivement. La
première épître aux Corinthiens est adressée aussi à
tous les croyants, en tout lieu (1 Cor. 1. 2). La lettre
adressée aux Colossiens doit être lue aussi dans

l'assemblée à Laodicée, comme celle adressée à Laodicée doit l'être à Colosses (Col. 4. 16).

L'apôtre Paul écrit aux Colossiens que tous les croyants ont la même position en Christ (Col. 3. 11): "... il n'y a pas Grec et Juif (*pas de distinction nationale*), circoncision et incirconcision (*ni de distinction religieuse),* barbare, Scythe, esclave, homme libre (*ni de distinction sociale*)".

Tous les croyants, appelés chrétiens pour la première fois à Antioche, sont unis à Christ et les uns aux autres. Ce lien vital traverse littéralement toutes les frontières et amène les croyants "de toute tribu et langue et peuple et nation" à la même communion de base: "la communion de son Fils Jésus Christ, notre Seigneur".

Dieu désire que, même de nos jours, nous puissions connaître la même communion et unité entre assemblées, qui se trouvent localement: "tous ensemble dans un même lieu" (Actes 2.1).

2. La Communion des Membres du Corps de Christ

La cène et la table du Seigneur:

Dans le Nouveau Testament, il est clairement indiqué que l'assemblée dans une localité se réunissait régulièrement en un même lieu. Même si, à Jérusalem, les nombreux croyants se réunissaient en *plusieurs* lieux, l'Ecriture parle toujours de l'assemblée à Jérusalem. Un des motifs était qu'ils pouvaient ainsi annoncer ensemble la mort du Seigneur à Sa table. Lors de son troisième voyage missionaire, Paul est resté sept jours en Troade afin de s'y trouver encore le premier jour de la semaine pour y rompre le pain (Act. 20. 6 et 7).

Dans la première épître aux Corinthiens, Paul donne des enseignements au sujet de la fraction du pain et traite:
- dans les v. 23 à 26 du ch. 11, de la cène du Seigneur sous l'aspect du mémorial;
- dans les v. 14 à 22 du ch. 10, de la table du Seigneur et de la communion qui y est réalisée; c'est sur ce dernier point que nous désirons porter notre attention.

Dans 1 Cor. 10. 16-17 nous lisons: "Le pain que nous rompons n'est-il pas la communion du corps du Christ? Car nous qui sommes plusieurs, sommes un seul pain, un seul corps, car nous participons tous à un seul et même pain". Lors de la fraction du pain, chaque croyant qui participe, rompt pour lui-même un morceau de ce pain qui, au verset 16, est présenté comme une image du corps (physique) de Christ mort pour nous. Par cet acte collectif ("*nous* rompons...") ils expriment la communion qu'ils ont entre eux. Sur la croix, le Seigneur Jésus a livré Son corps pour les Siens et Sa mort est la base de la communion avec Lui et de la communion entre les croyants. Au verset 17, le pain est aussi une image de l'ensemble de tous les croyants: "... *nous qui sommes plusieurs*, sommes un seul pain, un seul corps, car nous participons tous à un seul et même pain". Ici l'accent est donc mis sur l'unité de tous ceux qui appartiennent à Christ: ils forment un tout indissoluble, ils sont un seul corps (spirituel).

Dans la fraction du pain, deux faits importants sont donc mis en évidence:

1. La *communion fondamentale* avec Christ et avec tous les membres du corps.

2. L'*unité* du corps de Christ, qui embrasse *tous* les croyants.

L'expression "nous qui sommes plusieurs" ne se limite pas aux croyants à Corinthe, mais se réfère aussi au temps de Paul, à tous ceux qui se réunissaient en Troade, à Ephèse, à Colosses, à Rome et dans toutes les localités où se trouvaient des croyants, "depuis Jérusalem, et tout alentour, jusqu'en Illyrie" (l'actuelle Serbie) (Rom. 15. 19). Que ces premiers jours de l'assemblée ont dû être précieux pour le Seigneur Jésus: chaque premier jour de la semaine, dans de nombreux pays, Sa mort était annoncée par des croyants qui exprimaient en même temps leur unité et leur communion mutuelle. Que cela devait être précieux également pour ces croyants eux-mêmes, que de se rassembler en étant conscients d'être "un", localement et mondialement !

Ce qu'est "le corps de Christ":

En relation avec ce que nous venons de rappeler, il vaut la peine de préciser que l'expression "le corps de Christ" appliquée aux croyants comporte trois significations particulières:

1. L'ensemble de tous les croyants, depuis la formation de l'assemblée à la Pentecôte (Act. 2) jusqu'à la venue du Seigneur pour introduire Son assemblée dans la maison du Père. C'est sous cette acception que nous lisons: "Dieu .... l'a donné pour être chef sur toutes choses à l'assemblée, qui est son corps" (Eph. 1. 22-23; lire aussi Col. 1. 18 et 24).

2. L'ensemble des croyants vivant à un moment donné sur la terre: "Maintenant les membres sont plusieurs, mais le corps, un" (1 Cor. 12. 20). C'est ainsi qu'il faut comprendre aussi l'unité du corps mentionnée en Rom. 12. 5 et 1 Cor. 10. 17. Lors de la descente du Saint Esprit, en Actes 2, l'assemblée, corps de Christ, a été formée: "Car aussi nous avons tous été baptisés d'un seul Esprit pour être un seul corps" (1 Cor. 12. 13). Depuis le jour de la Pentecôte, d'autres membres ont été ajoutés, comme Paul lui-même, ainsi que les Corinthiens, mais il dit: "... *nous* avons *tous* été baptisés...", entendant par là qu'ils sont devenus participants du même baptême du Saint Esprit.

3. L'ensemble des croyants, en un lieu déterminé et à un moment donné, est la représentation ou l'expression de la réalité universelle du corps de Christ: "Or vous (*les croyants à Corinthe*) êtes (le) corps de Christ et ses membres, chacun en particulier" (1 Cor. 12. 27).

Dans tous ces versets, il est question:
a. d'une *tête* (Christ glorifié dans le ciel)
b. d'un *corps* (l'ensemble des croyants)

c. des *membres du corps* (les croyants, individuellement, dans leur relation avec Christ et leur communion entre eux).

La Parole de Dieu ne parle jamais de membres d'une assemblée locale, mais des membres du corps de Christ. Dès le début de l'histoire de l'assemblée, l'unité du corps de Christ a été exprimée dans les assemblées locales par la participation de chacun au seul pain (1 Cor. 10. 17), le Saint Esprit étant le lien vivant d'unité.

3. Communion Rompue

L'immoralité à Corinthe:

Nous avons déjà vu que tous les croyants sont "appelés à la communion de son Fils Jésus Christ, notre Seigneur" (1 Cor. 1. 9). Le lien personnel que les croyants ont avec le Seigneur Jésus crée aussi une communion entre eux qui trouve son expression la plus élevée à la table du Seigneur. Cette communion doit donc porter les saints caractères du Seigneur Jésus Christ, le Fils de Dieu. Il y avait toutefois dans l'assemblée locale à Corinthe quelqu'un qui vivait ouvertement dans la fornication (1 Cor. 5. 1 à 13). L'apôtre Paul constate que l'assemblée ne montrait aucune volonté d'ôter le mal du milieu d'elle. Visiblement, cet homme était maintenu en communion et continuait d'annoncer la mort du Seigneur à Sa table. Cette façon de faire était intolérable, car en contradiction avec le caractère de sainteté de la communion qu'ils avaient les uns avec les autres et avec Christ Lui- même.

L'enseignement donné aux Corinthiens par l'apôtre Paul nous concerne aussi, et il indique la façon d'agir dans des cas semblables (1 Cor. 5. 2):

1. Ils auraient dû mener deuil au lieu de continuer à se glorifier des nombreux dons spirituels qu'ils possédaient.

2. S'ils s'étaient affligés de la présence à la table du Seigneur de celui qui avait commis un tel péché, celui-ci aurait été ôté du milieu d'eux. Mais parce qu'ils étaient enflés d'orgueil, ils toléraient cet homme en communion au milieu d'eux alors qu'ils savaient, qu'il vivait dans la fornication.

Ensuite, Paul utilise l'image du levain qui représente le mal dans son caractère corrupteur et communicatif. Il rappelle aux Corinthiens le fait "qu'un peu de levain fait lever la pâte toute entière" (1 Cor. 5. 6). En d'autres termes, un peu de levain communique son caractère à toute la pâte, ce qui signifie que l'assemblée locale à Corinthe, *dans son ensemble*, était caractérisée par le mal *connu* publiquement et *toléré*. Cela ne signifie pas que les autres frères et soeurs vivaient dans le péché, mais qu'ils étaient souillés par le mal qu'ils refusaient de juger ou à l'égard duquel ils adoptaient une attitude de *neutralité*. Nous ne devons pas, en expliquant ce verset, commettre l'erreur de penser que seuls étaient souillés, ceux qui avaient effectivement introduit le mal dans leur propre vie. Ce n'est pas sur *l'effet* (progressif) du levain que l'accent est mis en 1 Cor. 5, mais sur sa *présence*. Le v. 7 souligne encore une fois que

l'assemblée à Corinthe était souillée: "Ôtez le vieux
levain, *afin que* vous soyez une nouvelle pâte". *Après*
s'être purifiés du vieux levain, les Corinthiens seraient
à nouveau une nouvelle pâte. Le terme "ôter", dans
l'original, est le même que celui traduit par "purifier"
en 2 Tim. 2. 21: "Si quelqu'un se purifie de ceux-ci....".
En 1 Cor. 5, il s'agit d'un acte *collectif* de l'assemblée
en rapport avec un mal publiquement connu (le mal est
ôté de l'ensemble), tandis qu'en 2 Tim. 2, c'est une
action *personnelle* rendue nécessaire si le mal
manifesté n'est pas jugé (le fidèle se sépare de
l'ensemble souillé). Dieu prévoyait qu'après le temps
des apôtres, on refuserait de juger le mal manifesté.
C'est pourquoi en 2 Tim. 2, un chemin est indiqué au
croyant qu'il peut suivre en communion avec le
Seigneur et d'autres croyants fidèles.

Les Corinthiens ne pouvaient se purifier du mal que
d'une seule façon: mener deuil et ôter le méchant du
milieu d'eux (1 Cor. 5. 13). Il s'agit là d'un péché ou
d'un état qui rend quelqu'un "méchant", ce que montre
clairement le v. 1: "la fornication", les v. 2 et 4: "celui
qui a commis cette action" et le v. 5: "un tel homme".
L'apôtre ne pouvait, ni ne voulait agir à leur place, et
par cet appel, il souligne la responsabilité de
l'assemblée locale.

Si nous lisons les ch. 2 et 7 de la seconde épître aux Corinthiens, nous constatons que la répréhension et les enseignements de l'apôtre en 1 Cor. 5 ont été reçus. Les Corinthiens ont été très attristés quant à leur état spirituel et ont ôté du milieu d'eux la personne concernée, l'homme tombé dans l'immoralité. Cela n'indique pas seulement son exclusion de la participation à la table du Seigneur, mais aussi la rupture de toute forme de *communion* avec lui (1 Cor. 5. 2 et 11). Cette exclusion l'a conduit à l'humiliation, de sorte que l'assemblée est exhortée à le réintroduire au milieu d'elle (2 Cor. 2. 6-10).

Il est important d'attirer l'attention sur les différents faits mentionnés en 2 Cor. 7. 8-11. En premier lieu, Paul souligne que les Corinthiens ont été attristés selon Dieu (v. 9), puis nous lisons que cette tristesse, concernant leur mauvais état spirituel a opéré la repentance (v. 10) et produit des effets remarquables (v. 11):

- quel empressement (pour confesser leur faute);
- quelles excuses (preuves sincères de leur désir de purification par le jugement d'eux-mêmes);
- quelle indignation (sainte colère contre le mal);
- quelle crainte (peur d'encourir le jugement de Dieu);

- quel ardent désir (ardeur à retrouver leur communion avec Dieu);
- quel zèle (étant jaloux pour la gloire de Dieu);
- quelle vengeance (obéissance quant à l'exécution du jugement nécessaire).

Ainsi, l'apôtre peut leur dire que, par cette façon d'agir, ils prouvaient qu'ils "étaient purs dans l'affaire" (fin du v. 11). Et c'est seulement quand ces différents effets ont été produits, que Paul peut leur écrire au sujet de la pureté (2 Cor. 7. 1).

Qu'il est beau de constater que la discipline exercée par les Corinthiens a atteint le but recherché: le retour et la restauration du coupable qui peut à nouveau jouir de la *communion* personnelle avec le Seigneur et collectivement avec ses frères.

L'idolâtrie à Corinthe:

Une autre cause de communion rompue est signalée en 1 Cor. 10. 21: "Vous *ne pouvez participer à* la table du Seigneur et à la table des démons". De quel empêchement à participer à la communion exprimée à la table du Seigneur s'agit-il? Dans les v. 18 à 21 de ce chapitre, l'apôtre mentionne les sacrifices qu'Israël offrait à Dieu (v. 18) et les sacrifices que ceux des nations offraient aux idoles (v. 19 à 21), donc aux démons. Au v. 18, l'attention des Corinthiens, et la nôtre, est attirée *sur la manière* dont le peuple d'Israël mangeait les sacrifices de prospérités auxquels il est fait allusion ici comme étant les seuls sacrifices que le peuple tout entier pouvait manger (cf. Lév. 7. 11-21).

Le service en relation avec les offrandes était caractérisé par *la sainteté* et la *pureté*: l'autel lui-même était une chose très-sainte, (littéralement: sainteté des saintetés, Ex. 29. 37), et *sanctifiait* la viande du sacrifice offert (Matt. 23. 19). Cette viande ne devait pas entrer en contact avec quelque chose d'impur et ne pouvait être mangée que par des personnes pures (Lév. 7. 19-20). L'autel, cette chose très-sainte, sur lequel l'offrande était apportée, était au centre du service sacerdotal. Le sacrifice de prospérités dont il est question en 1 Cor. 10 était partagé entre Dieu Lui-même qui recevait la graisse sur l'autel, les sacrificateurs dont la part était la poitrine et l'épaule droite, et celui qui apportait le sacrifice et en mangeait la chair ainsi que tout Israélite pur. En mangeant du sacrifice, celui qui offrait était en communion avec l'autel (1 Cor. 10. 18) et par là en communion avec Dieu à qui l'offrande était faite sur cet autel.

Dans les v. 19 à 21 de 1 Cor. 10, l'apôtre en vient à la question des sacrifices que les païens offraient à leurs idoles. Dans l'Ancien Testament, il est clairement indiqué qu'il s'agissait d'une offrande à de mauvais esprits: "Ils servirent leurs idoles ... ils sacrifièrent ... aux démons" (Ps. 106. 36-38). Ils étaient nombreux, à Corinthe, ceux des nations s'asseyant à table chaque jour dans un temple d'idoles pour y manger de la chair qui avait été offerte à ces démons (1 Cor. 8. 10). En mangeant la viande à *cette table*, ils avaient communion avec les mauvais esprits. Les croyants à Corinthe couraient le danger de s'asseoir à cette même table avec la pensée qu'une idole ou un sacrifice aux idoles ne signifiait rien (1 Cor. 8. 4). Même s'ils ne se sentaient pas liés intérieurement par le culte rendu aux démons dans ce lieu, et si leur coeur le rejetait, leur participation extérieure à ce service les mettait en communion avec les démons, qu'ils en fussent conscients ou non. Deux expressions d'Actes 15 soulignent ce fait: au v. 20, "Qu'ils s'abstiennent des souillures des idoles" et au v. 29, "Qu'on s'abstienne des choses sacrifiées aux idoles" ce qui signifie que l'acte extérieur de manger d'un sacrifice dans un temple d'idoles met intérieurement en communion avec les démons: "les souillures des idoles" (v. 20) sont la conséquence du fait de manger "des choses sacrifiées aux idoles" (v. 29).

La table du Seigneur, symbole de communion:

Nous trouvons la mention de trois "tables" dans les v. 16 à 21 de 1 Cor. 10:
- *la table du Seigneur* (v. 16-17 et v. 21);
- *l'autel d'Israël* (v. 18), appelé "table du Seigneur" en Malachie 1. 12;
- *la table des démons* (v. 21).

Pour chacune de ces trois "tables" nous trouvons la pensée de:
- *la communion*: ce terme met l'accent sur l'identification spirituelle de ceux qui mangent avec ce que la table ou l'autel représente;
- *la participation*: ce terme est en rapport avec l'acte extérieur réalisé, c'est-à-dire le fait de manger.

Voyons maintenant comment cela se concrétise au niveau de ces trois "tables":

- *la table du Seigneur*: les croyants qui participent à la table du Seigneur ont communion avec Christ sur la base de Sa mort, autrement dit, ils sont identifiés avec Lui. En participant au seul pain, ils expriment également la communion qu'ils ont ensemble sur la base du sang et de la mort de Christ.

- *l'autel d'Israël*: il n'y avait aucun contact direct entre ceux qui offraient et l'autel; pourtant ils avaient communion avec l'autel par le fait qu'ils mangeaient de l'offrande. Et cet acte les mettait en communion avec Dieu Lui-même. En même temps, ils avaient communion avec les autres Israélites qui, s'ils étaient purs, pouvaient aussi en manger.

- *la table des démons*: le fait de participer à cette table (c'est-à-dire d'y manger ce qui était sacrifié aux idoles) mettait en communion avec les démons et naturellement aussi, avec tous ceux qui offraient les sacrifices. Autrement dit, il y avait identification spirituelle avec les démons par l'acte extérieur consistant à manger des sacrifices offerts aux démons.

La comparaison de la table du Seigneur avec l'autel d'Israël met en valeur la nécessité de la sainteté pratique et de la pureté chez ceux qui rompent le pain. La comparaison entre la table du Seigneur et la table des démons souligne qu'une souillure intérieure peut même provenir d'un acte extérieur.

L'enseignement de 1 Cor. 5 démontre qu'une assemblée est souillée lorsqu'elle tolère un mal connu. Celui de 1 Cor. 10 souligne clairement qu'on est souillé, consciemment ou non, lorsqu'on participe extérieurement à un culte idôlatre, même sans y être lié de coeur, intérieurement. Ceci signifie aussi pour nous que la participation à une autre table que celle du Seigneur (en sachant bien que la table des démons ne se trouve dans aucun milieu chrétien) nous met en communion (nous lie, nous identifie) avec cette table. Et même ceux qui servent le tabernacle n'ont pas le droit de manger de l'autel chrétien (Héb. 13. 10).

4. Communion Limitée

L'histoire de 19 siècles:

Nous avons déjà vu que, dans les premiers jours de l'assemblée, toutes les assemblées étaient étroitement liées entre elles. Ce lien résultait du fait que tous les croyants sont membres du corps de Christ. Ainsi était rendu visible le caractère universel de l'assemblée. La vie de chaque assemblée était fondée sur les enseignements du Seigneur et des apôtres (Matt. 18. 15 à 20 et 1 Cor. 4. 17), et chacune était responsable de son administration (cf. 1 Cor. 5), dans la dépendance du Seigneur, sans que cela conduise néanmoins, à l'indépendance vis-à-vis des autres assemblées.

Mais déjà du temps de l'apôtre Paul il était question de sectes et de divisions (1 Cor. 11. 19 et Rom. 16. 17). En Actes 20, il avertissait les anciens d'Ephèse qu'il se lèverait du milieu d'eux des hommes qui annonceraient des doctrines perverses pour attirer les disciples *après eux* (v. 30), ce qui caractérise l'esprit de parti ou sectaire. A la fin de sa vie, il doit constater avec douleur que les croyants en Asie *se sont détournés de lui* (2 Tim. 1. 15), l'apôtre établi par le Seigneur. Dans la même épître, il dresse le tableau d'un déclin spirituel qui s'est donc rapidement éloigné, à bien des égards, de la "saine doctrine".

Dans cette brochure l'accent est mis sur la *communion*. La formation d'églises distinctes et de groupes religieux au cours des siècles a, hélas, limité la communion collective aux membres d'un même groupe et ces groupements ont été contaminés par le mélange de croyants et de non-croyants, et par plusieurs fausses doctrines. En dépit de l'infidélité générale, dans le passé et dans le présent, *à laquelle nous avons tous contribué*, les principes de la Parole de Dieu demeurent inchangés. Durant tous les siècles, des croyants ont compris cela et ils ont cherché à réaliser à nouveau ces enseignements *selon la mesure de leur compréhension*.

En Apocalypse 2 et 3, nous avons un tableau prophétique de l'histoire de l'Eglise. Les lettres aux assemblées de Thyatire et Sardes dépeignent l'état moral de l'Eglise Romaine et des Eglises Protestantes. Dans ces Eglises, il y avait des personnes que le Seigneur savait Lui appartenir: "Mais à vous je dis, *aux autres* qui sont à Thyatire, autant qu'il y en a qui n'ont pas cette doctrine..." (Apoc. 2. 24) et "Toutefois tu as *quelques noms* à Sardes qui n'ont pas souillé leurs vêtements..." (Apoc. 3. 4).

L'histoire de ces "autres" témoigne de la fidélité de Dieu envers ceux qui voulaient rester attachés à Sa Parole. Longtemps avant la Réformation, des mouvements se sont maintes fois manifestés avec le désir de revenir à la simplicité de la Parole de Dieu en abandonnant les erreurs qui leur étaient enseignées. Ils n'avaient parfois qu'une partie de cette Parole à leur disposition, de sorte que leur conception de la doctrine chrétienne était mêlée aux hérésies de l'époque. Nous pouvons bien comprendre que, en raison de ce manque de connaissance, il n'y avait jamais une pleine réalisation des principes bibliques. Soulignons cependant la fidélité et la persévérance de ces croyants en un temps où ils connaissaient de terribles persécutions.

Au début de la Réformation, certains de ces groupes, entre autres les "frères de Bohème", ont cherché le contact avec Luther et le mirent au courant de ce qu'ils avaient compris par la Parole. Luther témoigne à leur égard, que leurs assemblées étaient les plus proches de la doctrine des apôtres et qu'ils exerçaient une meilleure discipline que ses propres coreligionnaires.

Nous sommes reconnaissants envers Dieu du service de Luther et Calvin et des autres réformateurs qui ont été en bénédiction à beaucoup en mettant l'accent, à nouveau, sur l'importance de la Parole de Dieu et la justification par la foi seule.

Combien on peut regretter toutefois que dans les siècles qui ont suivi la Réformation, alors que tant d'Eglises Nationales Protestantes ont vu le jour, elles aient peu à peu sombré dans un formalisme mortel. La structure ecclésiastique introduisit une restriction de la *liberté du Saint Esprit et des droits du Seigneur* dans l'Eglise. Ce fut aussi un terrain favorable au développement des pensées rationalistes. Mais conjointement à cela, il s'est trouvé partout des croyants fidèles qui voulaient rester attachés à la Parole. Nous pouvons citer entre autres les Puritains au 16ème siècle, les Piétistes et les Méthodistes au 18ème siècle.

La piété et le zèle de ces groupes ne font pas de doute, bien que leur compréhension des enseignements bibliques quant à la communion n'ait été que partielle. Ainsi aussi les vérités de l'unité du corps de Christ formé de l'ensemble des vrais croyants, de la présence du Saint Esprit dans l'assemblée et de Sa libre action dans le rassemblement local, de même que l'espérance de la venue du Seigneur pour enlever les Siens, n'ont pas été saisies à cette époque.

L'état actuel:

Dans plusieurs pays, au début du 19ème siècle, des chrétiens prirent conscience que l'unité et la communion des croyants s'expriment à la table du Seigneur (comme nous l'avons exposé dans les trois premiers chapitres de cette brochure). Ils ne voulaient *pas créer une nouvelle église* ou un nouveau mouvement, car ils se sentaient intimement liés à tous les autres croyants, où qu'ils se trouvent. Ils repoussaient toute appellation et voyaient en chaque enfant de Dieu, un frère ou une soeur en Christ. Conscients du déclin que manifestait toute la chrétienté, ils étaient cependant convaincus de la puissance de la Parole de Dieu et de Son Esprit pour tous ceux qui voulaient s'y soumettre. Ils avaient le désir, dans la séparation d'avec le mal, de persévérer "dans la doctrine et la communion des apôtres, dans la fraction du pain et les prières" (Act. 2. 42) et avaient la ferme conviction que le Seigneur, selon Sa promesse, est au milieu de ceux qui sont assemblés en Son Nom (Matt. 18. 20).

Durant le siècle dernier et jusqu'à ce jour, de nombreux croyants sur toute la terre commencèrent ainsi à se rassembler *uniquement* au nom du Seigneur Jésus. Hélas, des divisions intervinrent entre eux, dont plusieurs furent heureusement annulées dans

l'humiliation et un profond exercice. Mais il est
douloureux de constater que certaines séparations
demeurent, dont les motifs sont liés le plus souvent à
une appréciation divergente soit de la responsabilité
personnelle et collective quant à la table du Seigneur,
soit de l'interdépendance des assemblées locales.[2]

---

[2] *Dans le texte grec original, le mot utilisé pour "assemblée" indiquait un
rassemblement de personnes qui se **réunissaient** dans un lieu et pour un but
déterminé. Ces citoyens possédaient un droit civil et, en vertu de cela, un droit de vote
en rapport avec des responsabilités déterminées. C'est le sens du mot "assemblée"
utilisé en Act. 19. 41. Quand nous utilisons l'expression "assemblée locale" (ou
rassemblement local) dans le chapitre suivant, nous faisons allusion à des croyants
qui se rencontrent à un endroit dans le but d'être **réunis** au nom du Seigneur. Ces
assemblées locales, en communion les unes avec les autres, sont seulement **des
témoignages** de l'unité de l'assemblée comme corps de Christ.*

5. Réalisation Pratique de la Communion

L'assemblée locale:

Les nombreuses divisions de la chrétienté nous attristent. Bien plus affligeante cependant est la division parmi les croyants qui professent se réunir au nom du Seigneur. L'Ecriture nous exhorte à "garder l'unité de l'Esprit par le lien de la paix" (Eph. 4. 3), ce qui signifie une unité pratique *avec tous les membres* du corps de Christ. Mais nous devons garder (car elle existe déjà) l'unité de l'Esprit *dans l'obéissance à la Parole de Dieu*, si nous ne voulons pas courir deux dangers: une largeur de pensée non scripturaire ou une étroitesse de pensée également non scripturaire. Nous désirons donc, dans le présent chapitre, considérer la question: Avec qui pouvons-nous exprimer la communion et l'unité du corps de Christ à la table du Seigneur?

Le premier point à établir est de savoir qui fait partie de l'assemblée. Selon la Parole, ce sont ceux qui se sont tournés vers Dieu, confessant leurs péchés, et qui croient au Seigneur Jésus comme étant leur Sauveur, Lui qui a dû subir sur la croix le jugement de Dieu pour expier leurs péchés. En vertu de cela, chacun d'eux est assuré de son salut et sait qu'il est un enfant de Dieu. Sur la base de l'Ecriture (1 Cor. 6. 19 et Eph. 1. 13), ils sont conscients que le Saint Esprit habite en eux. Nous nous servirons désormais de l'appellation "*croyants*" pour de telles personnes.

Comme au début de l'Eglise, il y a aujourd'hui des croyants qui, dans diverses localités, expriment à la table du Seigneur l'unité du corps de Christ. Une deuxième question se pose alors: Qui appartient à une assemblée locale? La réponse est très importante: Ce sont tous les croyants de la localité qu'ils soient présents ou non à la fraction du pain. Par leur participation au seul pain, ceux qui sont présents expriment leur unité avec tous les autres croyants, donc aussi avec les isolés et ceux qui se trouvent dans diverses dénominations.

La réception à la table du Seigneur:

Qui peut donc participer à la fraction du pain à la table du Seigneur dans une telle assemblée locale? Nous avons vu *au ch. 1 à 3* de cette brochure les caractères essentiels permettant de recevoir des croyants connus comme tels à la table du Seigneur:

1. Ils ne vivent pas eux-mêmes dans *un mal moral* (1 Cor. 5) ou *doctrinal* (Gal. 5. 9-10; 1 Jean 4. 1-3; 2 Tim. 2. 17-18);

2. Ils ne se sont pas souillés, consciemment ou non[3], par une participation personnelle et extérieure à des actes religieux qui expriment la communion à une table de culte où le mal est toléré. Ils se trouveraient alors en communion avec le mal, car en faisant cela ils s'identifieraient avec les principes rattachés à cette table de communion (voir ce que nous avons souligné au chapitre 3 en rapport avec 1 Cor. 10. Rappelons aussi les deux expressions d'Act. 15. 20 et 29 où une association personnelle et extérieure avec le mal - le fait de manger de ce qui avait été offert aux idoles - est qualifiée de souillure);

---

[3] *"ou non":* c'est-à-dire en négligeant de considérer les principes avec lesquels ils s'identifient. J.N. Darby et W. Kelly ont écrit à juste titre:

"Ils étaient **moralement identifiés** à ce à quoi ils **participaient**. Les sacrificateurs parmi les Juifs étaient **moralement identifiés** avec l'autel de l'Eternel, les païens avec les démons auxquels les nations sacrifiaient. Allaient-ils (c'est-à-dire les chrétiens à Corinthe) **s'identifier** avec les démons et avec le Seigneur et provoquer le Seigneur à la jalousie" (J.N. Darby, Collected Writings, Vol. 29, p. 367).

"Nous avons ici l'effet du culte païen, **non l'intention des adorateurs** ou celle de ceux qui participent à leurs sacrifices. Leur intention n'était pas plus de révérer les démons, les esprits déchus et mauvais, que maintenant, pour un inconverti, de servir Satan. **Mais c'est ce qu'ils faisaient et ce qu'ils font néanmoins.....** Nous avons ici le vrai caractère du mal: **participer** aux sacrifices offerts aux idoles. Les Corinthiens, dans leur vanité, s'enorgueillissaient de le faire en toute liberté vu leur supériorité en connaisssance" (W. Kelly, Bible Treasury, Vol. 11, p. 53).

3. Ils ne sont pas souillés par une association consciente avec des personnes chez qui un mal moral ou doctrinal est devenu manifeste, mais qui refusent de le juger (1 Cor. 5; 2 Jean 10,11).

La participation à la table du Seigneur n'est pas limitée à l'assemblée locale qui a pris la décision de réception. Celle-ci est bien responsable de la réception, mais là où des croyants se rassemblent au nom du Seigneur (Matt. 18. 20) ils le font avec le désir d'exprimer l'unité du corps de Christ *à la table du Seigneur* (1 Cor. 10. 17). Nous devons donc mettre à nouveau l'accent sur l'unité du corps de Christ et sur le lien entre les assemblées locales qui désirent exprimer cette unité afin qu'ainsi soit gardée pratiquement l'unité de l'Esprit. Bien que s'administrant elles-mêmes et responsables chacune dans sa propre sphère, cela ne signifie pas que ces assemblées sont indépendantes les unes des autres. Les décisions, telles que la réception à la table du Seigneur par exemple, prises par une assemblée locale, engagent les autres assemblées. Ce principe de base met l'accent sur l'immense responsabilité de chaque assemblée locale: les décisions prises doivent l'être au nom du Seigneur et de ce fait en accord avec Sa Parole. Il est très important que, lors de la prise d'une décision, on soit conscient que sa validité s'étend aux autres assemblées locales car la portée de la décision d'une assemblée locale s'étend à toute la terre (Matt. 18. 18).

Cette conviction, fondée sur la vérité de l'unité du corps de Christ, nous gardera d'agir à la légère. Chaque assemblée locale doit réaliser qu'elle représente localement le corps de Christ (1 Cor. 12. 27) et qu'en tant que telle, elle agit pour le corps tout entier.

Les autres assemblées locales reconnaissent les décisions prises parce qu'elles:
1. *reconnaissent le même Seigneur,*
- au nom duquel on se rassemble, et
- qui, par Sa présence dans l'assemblée revêt de Sa puissance une décision selon Sa volonté (1 Cor. 5. 4) et donne autorité à ses décisions (Matt. 18. 18 et 20).
2. *reconnaissent le même Esprit* par lequel Dieu a établi une unité à Sa gloire et par lequel les croyants sont unis en un seul corps à Christ, la tête glorifiée dans le ciel. Cet Esprit résiste à toute attitude et action non spirituelles (Gal. 5. 16 et suivants) des membres du corps de Christ qui sont appelés à garder l'unité de l'Esprit.
3. *reconnaissent le seul corps* dont chaque assemblée est une expression, chacune ne formant pas cependant un tout indépendant et fermé.

Si l'on ne reconnait pas les décisions prises, on nie alors, en pratique, l'autorité du Seigneur (cf. **1.** ci-dessus) ainsi que l'unité et la communion exprimées à la table du Seigneur. Si toutefois des doutes s'élèvent, basés sur l'Ecriture, quant à la justesse d'une décision, les autres assemblées (environnantes) doivent alors s'en préoccuper dans la dépendance du Seigneur. Cependant, tant qu'une assemblée est reconnue comme réunie au nom du Seigneur, les assemblées, comme les individus, sont liés par les décisions qu'elle prend au nom du Seigneur. S'opposer à cela s'appelle, dans l'Ancien Testament, agir avec "fierté" ou "orgueil" (Deut. 17. 8 à 13).

La réalisation pratique de la communion:

Beaucoup de rassemblements dans le monde entier reconnaissent les principes de base de la communion et de l'unité de l'assemblée exprimées à la table du Seigneur. Ils se sentent liés les uns aux autres de façon particulière, *sans* que la pensée leur vienne de former, à eux seuls, l'assemblée. Au contraire, ils sont conscients que chaque premier jour de la semaine, ils expriment, par la fraction du pain, leur unité avec tous les croyants de la localité et du monde entier. L'étroite solidarité de ces rassemblements est exprimée par la reconnaissance réciproque de *leurs* décisions (telles que la réception ou l'exclusion) et par *leurs* lettres de recommandation mutuelles (2 Cor. 3. 1). Ces assemblées locales réunies sur le fondement de l'unité du corps de Christ, sont liées sur le plan de la réalisation pratique de la communion. Ces liens de communion permettent d'exprimer l'unité du corps de Christ en sainteté et en pureté.

Cela ne signifie pas que la réception à la table du Seigneur se limite à ceux qui ont été reçus dans ces assemblées. S'il en était ainsi, elles formeraient un groupe fermé, ayant un caractère sectaire. Il doit y avoir en principe la possibilité de recevoir des croyants qui n'y ont pas rompu le pain jusque là. Une assemblée qui se trouve confrontée à un cas semblable doit chaque fois rechercher la volonté du Seigneur à cet égard. Un temps suffisant est nécessaire pour que deux ou trois frères s'entretiennent *au nom de l'assemblée locale* avec la personne concernée, en se souvenant des trois critères importants pour toute réception. Ils pourront ainsi apprendre à la connaître et acquérir une confiance suffisante avant de communiquer leurs conclusions à l'assemblée qui seule a la responsabilité de décider au nom du Seigneur. En effet l'assemblée locale *toute entière* demeure responsable de la réception de celui avec qui ces frères ont parlé.

D'autre part, dans le monde entier se trouvent des groupes de rassemblements locaux qui professent se réunir au nom du Seigneur, mais croient être indépendants les uns des autres. C'est une négation de l'unité de l'assemblée, corps de Christ. Une telle erreur conduit à une position indépendante ou à une position de neutralité quand il s'agit de reconnaître les décisions d'autres rassemblements. Dans beaucoup de ces groupes, on met en avant uniquement la responsabilité personnelle de ceux qui rompent le pain. D'autres groupes limitent l'étendue de la communion à ceux qui ont été baptisés et reçus *au milieu d'eux.*

Mal par association:

Lorsqu'un croyant vient de tels rassemblements, il faut qu'au cours d'une conversation il apparaisse clairement que c'est d'un coeur pur et avec une bonne conscience qu'il désire participer au seul pain avec ceux qui croient que cette unité de l'assemblée existe sur la terre et que la fraction du pain en est l'expression.

Il est indispensable d'avoir un entretien qui associe amour et sérieux, en considérant combien facilement l'impureté peut s'introduire si ce croyant:
- estime pouvoir participer à la table du Seigneur sous sa propre responsabilité;
- a la conviction que la souillure existe seulement quand on accepte le mal personnellement et non quand on prend une position de neutralité par rapport au mal.

On trouve cette conviction dans la plupart des rassemblements indépendants.

- fonde sa position sur le principe de l'indépendance de chaque assemblée locale. Prenons l'exemple d'un rassemblement (A) où un mal moral ou doctrinal est *connu* et *toléré*. De ce fait, ce rassemblement est souillé (cf. 1 Cor. 5) et les cas suivants peuvent se présenter:

a. un second rassemblement (B) reçoit quelqu'un de ce rassemblement souillé (A) *alors que l'on a pleinement connaissance* de la tolérance qui y règne par rapport au mal. Cette attitude de neutralité à l'égard de la tolérance du mal souille aussi le rassemblement (B) qui accueille.

b. un troisième rassemblement (C) refuse par contre de recevoir quelqu'un du rassemblement souillé (A).

c. néanmoins il peut arriver par la suite que des croyants de ce rassemblement (C) qui ne tolère pas le mal, participent à la fraction du pain avec des croyants des rassemblements souillés (A ou B) *dans un autre rassemblement* (D).

De telles situations nient pratiquement l'unité du corps de Christ et provoquent le désordre dans la maison de Dieu. Chacun de ceux qui se trouvent dans une telle situation de souillure par le mal, *en étant au courant tout en prenant une position neutre*, en est souillé. Le cas envisagé ici est celui de la communion consciente avec un mal d'ordre moral ou doctrinal qui rend quelqu'un "méchant" selon 1 Cor. 5.

Ainsi, lorsque des assemblées locales veulent réaliser la communion entre elles sur le principe de l'indépendance, on peut douter de l'efficacité de la discipline et par conséquent de la pureté de ces assemblées.

Non seulement au siècle dernier, mais aussi de nos jours, dans plusieurs pays, de tels rassemblements existent, où des faux docteurs sont supportés, alors qu'ils enseignent des fausses doctrines concernant la personne de Christ, l'inspiration et l'autorité de la Bible, ou adhèrent à la doctrine du salut universel.

Une réception occasionnelle ne doit jamais laisser supposer que nous sommes d'accord avec les principes retenus dans le rassemblement ou le groupe dont fait partie la personne concernée. Ceci est important pour prévenir l'affaiblissement des principes bibliques que nous professons au milieu de nous. Ce serait le cas également si nous participions à la fraction du pain dans d'autres rassemblements. N'avons-nous pas appris par 1 Cor. 10 que cette participation signifie une identification avec les principes retenus dans ces rassemblements. La question sérieuse qui se pose est de savoir si nous pouvons nous identifier avec un principe large ou indépendant, étant donné que cela conduit facilement à une attitude de neutralité à l'égard du mal. Le frère Darby a écrit au sujet des assemblées larges ou indépendantes:

*"Là où il y avait intercommunion, il y avait une **identité morale**, sauf dans les cas d'ignorance bonâ fide".*

*"....mais ce dont il s'agit c'est **Christ et le principe**".*

*"Le fait que l'on fasse une différence entre faux conducteurs et ceux qui sont mal guidés, n'implique pas que cela ne soit pas une question de **Christ et de principe**" (Letters II JND, p. 220).*

J'aimerais aussi citer le frère W. Kelly pour celui qui peut se demander si nous n'attribuons pas trop facilement les termes de "larges" ou "indépendants" à certains groupes:

Il serait bon de dire nettement où sont tous ces simples chrétiens dont la seule disqualification serait, semble-t-il, que d'autres les appelent 'frères larges'. S'il s'agissait simplement d'une désignation et non d'une réalité, ils pourraient demander et recevoir de l'aide pour être gardés, par un enseignement plus complet de la vérité, du piège auquel ils sont exposés. Qui ne serait pas disposé à répondre à un appel à l'aide dans ce sens? Nous avons fait récemment

connaissance avec un tel groupe, et Dieu s'est plu à
aplanir leur chemin. Ils sont en heureuse communion,
assemblés au nom de Christ, au lieu d'être ballotés
sans aucun centre ni principes divins. Un autre qui
prétendait récemment être tel, a montré être en fait des
'frères larges' " (Bible Treasury, Vol. 16, p. 208).

Dans tous les cas, il doit y avoir une rencontre dans
l'amour et l'humilité, prenant comme base l'obéissance
à la Parole de Dieu et en s'appliquant à garder l'unité
de l'Esprit par le lien de la paix. Il est important de
discerner si un tel croyant peut invoquer le nom du
Seigneur d'un coeur pur. S'il se montre prêt à juger de
tout son coeur ce qui est contraire à la Parole de Dieu,
notre devoir est de l'aider en le rendant attentif aux
principes non scripturaires et aux pratiques qui peuvent
être retenus dans sa dénomination ou son groupe, sans
vouloir lui imposer certains points de vue comme
conditions.

L'apôtre Paul a donné aux Corinthiens des
enseignements qui ont été le sujet de cette brochure.
Nous pouvons la conclure par la citation du voeu final
de la deuxième épître:

"Que la grâce du Seigneur
Jésus Christ, et l'amour de
Dieu, et la communion du Saint
Esprit, soient avec vous tous."
(2 Cor. 13. 13)